BEI GRIN MACHT SICH IHR WISSEN BEZAHLT

- Wir veröffentlichen Ihre Hausarbeit,
  Bachelor- und Masterarbeit

- Ihr eigenes eBook und Buch -
  weltweit in allen wichtigen Shops

- Verdienen Sie an jedem Verkauf

Jetzt bei www.GRIN.com hochladen und kostenlos publizieren

Bibliografische Information der Deutschen Nationalbibliothek:

Die Deutsche Bibliothek verzeichnet diese Publikation in der Deutschen National-
bibliografie; detaillierte bibliografische Daten sind im Internet über http://dnb.d-
nb.de/ abrufbar.

Dieses Werk sowie alle darin enthaltenen einzelnen Beiträge und Abbildungen
sind urheberrechtlich geschützt. Jede Verwertung, die nicht ausdrücklich vom
Urheberrechtsschutz zugelassen ist, bedarf der vorherigen Zustimmung des Verla-
ges. Das gilt insbesondere für Vervielfältigungen, Bearbeitungen, Übersetzungen,
Mikroverfilmungen, Auswertungen durch Datenbanken und für die Einspeicherung
und Verarbeitung in elektronische Systeme. Alle Rechte, auch die des auszugsweisen
Nachdrucks, der fotomechanischen Wiedergabe (einschließlich Mikrokopie) sowie
der Auswertung durch Datenbanken oder ähnliche Einrichtungen, vorbehalten.

Impressum:

Copyright © 2012 GRIN Verlag
Druck und Bindung: Books on Demand GmbH, Norderstedt Germany
ISBN: 9783656199618

Dieses Buch bei GRIN:

https://www.grin.com/document/193001

Lea Waskowiak

Wie ist die Trennung von siamesischen Zwillingen moralisch zu beurteilen?

GRIN Verlag

GRIN - Your knowledge has value

Der GRIN Verlag publiziert seit 1998 wissenschaftliche Arbeiten von Studenten, Hochschullehrern und anderen Akademikern als eBook und gedrucktes Buch. Die Verlagswebsite www.grin.com ist die ideale Plattform zur Veröffentlichung von Hausarbeiten, Abschlussarbeiten, wissenschaftlichen Aufsätzen, Dissertationen und Fachbüchern.

Besuchen Sie uns im Internet:

http://www.grin.com/

http://www.facebook.com/grincom

http://www.twitter.com/grin_com

Facharbeit

Wie ist die Trennung von siamesischen Zwillingen moralisch zu beurteilen?

Grundkurs Philosophie

Städtisches Gymnasium Löhne

Jahrgangsstufe Q. 1

Lea Waskowiak

Inhaltsverzeichnis

1. Einleitung

Warum habe ich das Thema gewählt?

Nachdem wir im Philosophieunterricht mehrfach über Moral, verschiedene Ethiken und deren Vertreter, sowie über Fallbeispiele mit der kritischen Nachfrage, ob denn nun auch moralisch gut gehandelt wurde, gesprochen haben, bekam ich die Idee meine Facharbeit über eben jenes moralisch gute Handeln zu schreiben.

Doch welche Handlung sollte ich hinterfragen?

Da meine Mutter Hebamme ist, gab sie mir das Buch „Tabea und Lea – die siamesischen Zwillinge aus Lemgo" von Nelly Block und Constanze Nolting zum Lesen. Beim Lesen des Buches erfuhr ich, wie sehr die Diagnose „Siamesische Zwillinge" die Eltern belastet, und wie schwierig es ist, über Leben und Tod, oder Verwachsung und Trennung zu entscheiden. Doch was genau eine solche Trennungsoperation für die Eltern bedeutet und die Tatsache ob diese denn auch, unabhängig von Ausgang der Operation, als moralisch gut getätigte Handlung gilt, wird nicht ganz klar.

Außerdem handelt es sich bei dem Buch ja lediglich um einen Einzelfall.

Daher kam mir der Gedanke, zu hinterfragen, ob die Trennung von siamesischen Zwillingen im Allgemeinen als moralisch gut angesehen wird.

Zur Vorgehensweise dieser Arbeit

In meiner Facharbeit möchte ich also untersuchen, ob eine Trennung an sich als moralisch gut angesehen werden kann, oder ob z.B. eine spezielle Ethik eine solche eher als richtig beurteilt, als eine Andere.

Weiterhin ist es wichtig erst einmal genaueres über das Phänomen „siamesische Zwillinge" zu wissen, um dann kritisch urteilen zu können. Unter Anderem, da es beispielsweise Vertreter von Ethiken gibt, welche das größte Glück als moralisch wertvoll ansehen. Dementsprechend muss erst genau definiert werden, ob eine Trennung überhaupt Glück bedeutet, oder mit welchen Auswirkungen der OP oder mit welchem Grad an Verwachsung sich noch ein glückliches Leben führen lässt.

Es ist mir also wichtig, erst die medizinischen Aspekte aufzugreifen, um weitreichende Konsequenzen von spezifische Faktoren, wie Entstehung der Missbildung, Ausprägungsformen und Operationsmöglichkeiten genau zu verdeutlichen.

Anschließend beleuchte ich welche Gründe für, bzw. welche Gründe gegen eine Trennung sprechen. Daraus resultierend komme ich auf meine Leitfrage zurück und untersuche zunächst die Ethik Kants und Singers, um abschließend festzustellen, ob diese eine Trennung als moralisch gut bewertet hätten.

Abschließend werde ich im Gesamtkontext meiner Arbeit meine gewonnen Erkenntnisse zusammenfassen und in Form eines persönlichen Gesamturteils auf die Leitfrage zur moralischen Richtigkeit der Trennung siamesischer Zwillinge zurück kommen.

2. Medizinische Aspekte

Was sind siamesische Zwillinge?

Das Phänomen der Missbildung „Siamesische Zwillinge" hat seinen Namen den beiden Zwillingsbrüdern Eng und Chang Bunker zu verdanken. Sie wurden 1811 in Siam (heutiges Thailand) geboren, 1827 von einem englischen Kapitän entdeckt und auf Jahrmärkten in den USA als Attraktion zur Schau gestellt.[1]

Siamesische Zwillinge lösen auch heute noch im medizinischen, wie auch ethischen Bereich eine sehr große Faszination aus.

Wie entsteht die Missbildung?

Bei siamesischen Zwillingen handelt es sich um eineiige Zwillinge. Sie sind also immer gleichgeschlechtlich, die Eizelle spaltet sich jedoch erst extrem spät, wodurch dann die Missbildung entsteht. Für gewöhnlich findet die Trennung des Eis bei gesunden Zwillingen zwischen dem dritten und achten Tag nach der Befruchtung statt. Im Fall der Missbildung findet sie erst zwischen dem dreizehnten und fünfzehnten Tag statt.[2]

Je später diese Trennung, desto stärker die Verwachsung.

In Folge dessen können Stunden entscheidend über Ausprägungsart der Verwachsung sein.

Welche Ausprägungsformen gibt es?

Die Zwillinge bleiben also miteinander verbunden, teilweise lediglich mit äußerem Gewebe, teilweise aber auch mit ganzen Organen.

Es wird nach Art und Ausmaß der Verwachsung unterschieden.

Eine Verwachsung im Brustbereich (Thorakopagus) tritt bei etwa 70% der Fälle ein.

Ebenso ist eine Verwachsung im Bauchbereich (Omphalopagus), Hüftenbereich (Ischiopagus) und

---

1 http://www.dieterwunderlich.de (28.02.2012)
2 http://www.puls.sf.tv (28.02.2012)

Steißbereich (Pygopagus) nicht auszuschließen.[3]

Seltener sind jedoch Verwachsungen am Kopf (Kephalopagus), bei denen zwischen zwei unterschiedlichen Ausprägungsformen unterschieden wird, und die fetale Inklusion, ein Phänomen, bei dem ein Zwilling den Anderen am oder im Körper trägt, oder Körperteile mehrfach vorhanden sind.[4]

Eine Trennung kann zudem nur dann zustande kommen, wenn sich das Zwillingspaar keine lebenswichtigen Organe teilt und der Stoffwechsel- und Blutkreislauf nicht zu eng miteinander verbunden ist.

Ein siamesisches Zwillingspaar kommt etwa einmal bei einer Zahl von 100 000 Geburten vor. Dies liegt vor allem daran, dass durchschnittlich schon drei von zehn Zwillingen pränatal[5] sterben. Ein weiteres Drittel gilt oftmals nach der Geburt als nicht überlebensfähig.

Folglich entsteht daraus, die Wahrscheinlichkeit von einem lebensfähigen siamesischen Zwillingspaar auf einer Million Geburten.[6]

<u>Welche Operationsmöglichkeiten gibt es?</u>

Generell ist zu sagen, dass eine Trennung kurz nach der Geburt eine Überlebenswahrscheinlichkeit beider Zwillinge von etwa 50 Prozent mit sich bringt. Erfolgt die Trennung einen Monat nach der Geburt, liegt diese Wahrscheinlichkeit nur noch bei zehn Prozent.

Weiterhin kommt es auf den Schweregrad der Missbildung an, und die daraus resultierende Entscheidung, ob es (noch) sinnvoll ist, das Zwillingspaar zu trennen.

Unterschieden wird zwischen der elektiven Trennungsmethode, bei der die Trennung genau geplant und vorbereitet wird, und eventuell Voroperationen stattfinden, und der Not-OP, bei der die Trennung erzwungen wird, wenn eins der Kinder zu sterben droht.

Das Sterben eines Zwillings, um dem anderen das Leben zu ermöglichen wird bei der letztgenannten Methode durchaus in Kauf genommen.[7]

3. Pro und Contra Trennung

<u>Gründe für eine Trennung:</u>

Durch Pränataldiagnostik, Gentechnik und Klonen hat sich die Medizin in den letzten Jahren stark

---

3 http://www.dieterwunderlich.de (18.03.2012)
4 Tintor, Maja: Siamesiche Zwillinge – Eine Debatte über die Trennung. In: Grin Verlag, 1. Auflage 2006, S. 4
5 Pränatal bedeutet vor der Geburt und beinhaltet Untersuchungen des ungeborenen Kindes im Mutterleib
    http://www.hurraki.de (28.02.2012)
6 Tintor, Maja: Siamesiche Zwillinge – Eine Debatte über die Trennung. In: Grin Verlag, 1. Auflage 2006, S. 3
7 Tintor, Maja: Siamesiche Zwillinge – Eine Debatte über die Trennung. In: Grin Verlag, 1. Auflage 2006, S. 4

gewandelt. Dies hat zu einer Verschiebung der ethischen Grundsätze geführt.

Der Kodex der ethischen Grundsätzen für die medizinische Forschung am Menschen besagt: „Der Arzt soll bei der Ausübung seiner ärztlichen Tätigkeit im besten Interesse des Patienten handeln."[8] Abgeleitet wurde dieser Kodex von dem Eid des Hippokrates, welcher als erste und grundlegende Formulierung einer ärztlichen Ethik gilt. Er enthält unter anderem die ärztliche Schweigepflicht, das Gebot Kranken nicht zu schaden und das Verbot eines Schwangerschaftsabbruchs oder aktiver Sterbehilfe.[9]

Nach diesem Grundsatz spricht doch nichts gegen eine Trennung, wenn das Zwillingspaar sich den Risiken bewusst war und es dennoch in ihrem Interesse lag getrennt zu werden.

Dies war z.B der Fall bei den iranischen Zwillingen Laleh und Ladan Bijani, die nur noch den Wunsch hatten endliche eigene Wege gehen zu können.

Die beiden, am Kopf verwachsenen Zwillinge waren gesund und fähig ein unabhängiges Leben führen zu können. Von einer Operation wurde auf Grund dessen von vielen Ärzten abgeraten, dennoch hatten die Schwestern nur den Wunsch, endlich ein normales Leben führen zu können. Der Neurochirurg Keith Goh war gewillt die Beiden zu trennen, obwohl die Erfolgschancen der OP lediglich bei 50 Prozent lagen. Die Stimmung im Operationssaal war angespannt, die Trennung des Knochenbandes, welches beide Schädel zusammenhält hat zu viel Zeit gekostet. Nach kurzem Zögern wurden dennoch Adern und Gewebe zwischen den Gehirnen getrennt, um dem Wunsch der beiden Zwillinge nachzukommen.[10] Doch die OP war zu komplex und in so schneller Zeit nicht zu bewältigen. Etwa 53 Stunden nach dieser starb erst Ladan und dann Laleh Bijani an hohem Blutverlust.[11]

Die Trennung der Bijani Zwillinge kann also nicht als ein Bruch des Eids des Hippokrates angesehen werden, da es ja im Interesse der beiden Schwestern lag getrennt zu werden und „ihr Wunsch nach zwei getrennten Leben größer war, als die Angst vor dem dabei einkalkulierten Tod."[12]

Nach Meinung der Bezugspersonen der Zwillinge sei eine Trennung oftmals die einzige Möglichkeit leben zu retten, beziehungsweise dieses lebenswerter zu machen.

Doch auch der Gesundheitsbegriff hat sich in kürzester Zeit stark verändert.

Laut der Weltgesundheitsorganisation wird Gesundheit heute als ein Zustand des völligen

8 http://www.bundesaerztekammer.de (04.03.2012)
9 http://www.pmu.ac.at (18.03.2012)
10 http://www.sueddeutsche.de (18.03.2012)
11 http://www.sueddeutsche.de (18.03.2012)
12 Tintor, Maja: Siamesiche Zwillinge – Eine Debatte über die Trennung. In: Grin Verlag, 1. Auflage 2006, S. 5

körperlichen, geistigen, seelischen und sozialen Wohlbefindens definiert.[13]

Wieso sollte dann also siamesischen Zwillingen das Recht auf ein individuelles und vor allem eigenständiges Leben verwehrt bleiben, wenn sie durch eine Trennung möglicherweise jenen Zustand erreichen?

Gründe gegen eine Trennung

Andererseits spricht gegen eine Trennung, dass die Kinder schwerste Verstümmlungen zu erwarten haben oder nicht lebensfähig blieben.

Der Grundsatz: „Es ist die Pflicht des Arztes, die Gesundheit der Patienten zu fördern und zu erhalten, auch jener die an der medizinischen Forschung beteiligt sind. Die Erfüllung dieser Pflicht dient der Arzt mit seinem Wissen und Gewissen."[14], der Ethischen Grundsätze für die medizinische Forschung am Menschen, wird gänzlich hintergangen, wenn die Operation dem Zwillingspaar schadet, sei es durch den Tod oder andere Behinderungen.

Weiterhin soll „das Wohlergehen der einzelnen Versuchsperson Vorrang vor allen anderen Interessen haben"[15], welches missbraucht wird, wenn der operierende Arzt bei dem Eingriff aktiv Leben gefährdet oder, schlimmstenfalls, aktive Sterbehilfe leistet.

Desweiteren gibt es auch Zwillingspaare, die sich bewusst gegen eine Trennung entschieden haben, da sie auch miteinander ein erfülltes Leben führen können.

Ein individuelles Leben sei, trotz Verwachsung, möglich und die Lebensqualität leide nicht.

Bei einigen Pärchen, sei die Verbundenheit durch die Verwachsung noch stärker geworden. Dies war zum Beispiel der Fall, bei den 1912 geborenen Zwillingen Mary und Margaret Gibbs aus den USA, die sich auch dann nicht trennen ließen, als eine von ihnen an Blasenkrebs erkrankte. Auf Grund des gemeinsamen Blutkreislaufs übertrugen sich Tochtergeschwulste dann auch auf die Andere, sodass Beide kurz nacheinander, aber trotzdem gemeinsam starben.[16]

Abschließend ist es schwierig zu sagen, ob eine Trennung eher Vor- bzw. Nachteile für das betroffene Zwillingspaar mit sich bringt. Das soziale Umfeld, Unterstützung der Familie und Grad bzw. Schwere der Missbildung sind entscheidende Faktoren.

Ob ein Leben in verwachsenem Zustand – aber ansonsten gesund, oder in getrenntem Zustand mit evtl. durch die Operation entstandenen Missbildungen und Behinderungen lebenswerter ist, kann

---

13 Tintor, Maja: Siamesiche Zwillinge – Eine Debatte über die Trennung. In: Grin Verlag, 1. Auflage 2006, S. 7
14 http://www.bundesaerztekammer.de (05.03.2012)
15 http://www.bundesaerztekammer.de (05.03.2012)
16 http://www.sueddeutsche.de (18.03.2012)

nur das Zwillingspaar entscheiden.

Daraus resultierend, stellt sich mir jetzt die Frage, ob die Trennung von siamesischen Zwillingen moralisch gut ist?

4. Ethische Aspekte

Was ist Moral und was wird als moralisch gut empfunden?

Zunächst muss definiert werden, was Moral überhaupt ist.

Der Begriff Moral bezeichnet einen festgelegten Grundsatz, nach dem der Mensch handelt und dient als regelbezogene Handlungsorientierung.[17]

Moralisch gut ist, für das Individuum, wenn man nach den Handlungsprinzipien, die sich mit der eigenen Moralvorstellung bzw. der Ethik deren Vertreter man ist vereinbaren lassen, handeln kann. Eine moralische Grundregel gibt an wie die Menschen ihr Handeln ausrichten sollten.[18]

Was gut zu nennen ist, wird durch die jeweilige ethische Theorie festgelegt.

Unterschieden wird zunächst zwischen deontologischer und teleologischer Ethik. Deontologische Ethik setzt die Handlung selbst in den Vordergrund, die Konsequenzen dieser bleiben unbeachtet. Bei der teleologische Ethik wird der Fokus auf die Folgen der auszuführenden Handlung gelegt und nach diesen bewertet.[19]

Desweiteren wird bei ethischen Grundsätzen zwischen inhaltlich und formal getrennt.

Inhaltliche Grundsätze stellen eine Art Bewertungskriterium für das Handeln des Individuums dar, welches sich aus Faktoren wie Gesundheit, Leben, Umwelt, etc. zusammen setzt. Es ist also eher subjektiv zu verstehen, denn es kommt darauf an, was das jeweilige Individuum z.B. als Gesundheit empfindet. Das kann, je nach Person, völlig unterschiedlich ausfallen.[20]

Formale Grundsätze beziehen sich nicht auf einen inhaltlichen Aspekt, sondern sind eher eine Norm oder eine Richtung, an der man festmachen kann, ob das jeweilige Handeln auch moralisch vertretbar ist.

Einige Philosophen haben Moralvorstellungen oder eine eigene Ethik ausgearbeitet, die ich im Laufe dieser Facharbeit untersuchen werde und beurteile ob der jeweilige Philosoph eine Trennung von siamesischen Zwillingen für moralisch gut geheißen hätte.

---

17 http://www.neumoral.de (19.03.2012)
18 Morgenstern, Martin; Zimmer, Robert In: Treffpunkt Philosophie, 3 Handlungsnormen und Lebensregeln (12.03.2012)
19 http://www.bfg-bayern.de (18.03.2012)
20 http://de.wikipedia.org (10.03.2012)

Immanuel Kant

Immanuel Kant (geb. am 22 April 1724 in Königsberg, gest. am 12 Febr. 1804) war ein deutscher Philosoph der Aufklärung und befasste sich unter anderem mit Moral und ihrer Begründbarkeit.[21]

Kant untersucht in seiner Ethik zunächst die Voraussetzungen für das moralische Bewusstsein. Er stellt die These auf, dass nur ein guter Wille ohne Einschränkung als gut gelten kann. Talente des Geistes, wie Verstand, Witz und Urteilskraft oder Eigenschaften des Temperaments, wie Mut, Entschlossenheit und Beharrlichkeit sind ohnehin gut und wünschenswert, können aber genauso gut böse und schädlich werden, wenn ihre eigentümliche Beschaffenheit verändert wird und sie nicht mehr durch den guten Willen, der über den oben genannten Eigenschaften steht, gelenkt werden.[22]

Auch sogenannte Glücksgaben, wie Macht, Reichtum und Ehre können nur dann zu wirklicher Zufriedenheit und Wohlbefinden führen, wenn der gute Wille das Prinzip zu handeln berichtigt oder in seinem angestrebten Sinne zweckmäßig macht.

Mäßigung in Affekten und Leidenschaften, Selbstbeherrschung und nüchterne Überlegung sind dem guten Willen selbst förderlich und können seine Arbeit sehr erleichtern.

Dennoch müssen Ansätze eines guten Willens vorhanden sein, denn sonst können auch diese Eigenschaften gefährlich und schädlich werden.

Kant erwähnt außerdem, dass der gute Wille allein durch das „Wollen" gut wird, denn selbst wenn durch eine Ungunst des Schicksals der gute Wille seine angestrebte Handlung nicht erreichen kann, so hat er trotzdem seinen vollen Wert erreicht.[23]

Nun stellt sich die Frage, wann ein guter Wille gut ist?

Nach Kant ergeben sich vier mögliche Handlungstypen.

Eine Handlung kann pflichtwidrig sein. Sie kann pflichtgemäß sein, jedoch mit einem unmittelbaren Neigung zum moralisch Guten. Auch kann sie pflichtgemäß sein, mit einem mittelbaren Bezug zu einer Neigung, die Handlung könnte dann zum Beispiel aus selbstsüchtiger Absicht geschehen.

Die Handlung jedoch, die aus Pflicht und gegen die Neigung getätigt wird, hat als Einzige ihren echten moralischen Wert erreicht.[24]

Zunächst unterscheidet Kant zwischen praktischem und theoretischem Vernunftgebrauch,

---

21 http://www.daniel-von-der-helm.com (18.02.2012)
22 Immanuel Kant: Grundlegung zur Metaphysik der Sitten. Hrsg. von Theodor Valentiner Stuttgart 1961, S. 28-30
23 Ebd. S. 28-30
24 Ebd. S. 35-36

da die Vernunft noch über dem Willen steht und diesen ausschließlich bestimmen soll.

Der theoretische Vernunftgebrauch bezeichnet die Erkenntnis, dessen was ist. Der praktische Vernunftgebrauch die Erkenntnis, dessen was sein soll. Nach Kant, der eine allgemeine Regel zum moralisch guten Handeln erstellen möchte, sollte also nur die praktische Vernunft den Willen bestimmen.

Der Wille kann demnach nur das wählen, was die Vernunft als praktisch notwendig, bzw. als gut ansieht. Ist der Wille der Vernunft nicht, oder nur zum Teil unterworfen, bestimmen u.a subjektive Neigungen das Handeln des Individuums.

Es muss also zwingend ein objektives Gebot der Vernunft, einen Imperativ, geben. [25]

Hierzu unterscheidet Kant zwischen hypotetischem und kategorischem Imperativ.

Der hypothetische Imperativ erschließt sich nicht aus der Vernunft, sondern orientiert sich viel mehr an den Interessen und Neigungen des Individuums. Er kann nicht allgemeingültig werden, da diese subjektiv sind.

Der kategorische Imperativ leitet sich dagegen aus der praktischen Vernunft, die bei jedem Menschen vorhanden sein sollte, ab. Er besagt: „Handle nur nach derjenigen Maxime, durch die du zugleich wollen kannst, dass sie ein allgemeines Gesetz werde."[26]

Die Frage nach der Absicht unseren Handelns ist also entscheidend.

Kant ist demnach ein Vertreter der deontologischen Ethik, da den Handlungsfolgen bei ihm nicht die selbe Bedeutung zugesprochen wird, wie in der teleologischen Ethik.[27] Die Handlung gilt also trotzdem als gut, selbst wenn das angestrebte Ziel nicht zu erreichen ist. Hauptsache sie wurde mit guter Absicht, bzw. mit gutem Willen ausgeführt.

Bezogen auf den Fall der Trennung von siamesischen Zwillingen, ist eine Trennung nur dann als moralisch gut anzusehen, wenn sie, nach Kant, aus Pflicht und gegen die Neigung erfolgt. Im folgenden bedeutet dass, das alle Beteiligten der Operation, bzw. des Trennungsprozesses, d.h. Ärzte, Angehörige, Eltern, evtl. auch die Zwillinge nach dem kategorischen Imperativ und Kants Pflichtethik handeln müssten.

Um ein Beispiel des kategorischen Imperativs zu geben, verkleinere ich den Kreis der Beteiligten und gehe nur auf die Ärzte ein. Wenn der Arzt sich z.B. vornimmt seine durchzuführenden Operationen und Eingriffe mit einer Erfolgswahrscheinlichkeit von nahezu 100% durchzuführen,

25 Ebd. S. 58
26 Ebd. S. 58-64, 67 f.
27 http://micha-h-werner.de (18.03.2012)

oder im Fall der siamesischen Zwillinge, zwei Menschen so zu trennen, dass ihr Zustand im Nachhinein als gesund bezeichnet werden könnte, so müsste die formulierte Maxime heißen: „Immer wenn ich operiere, kann ich meinen Patienten helfen wieder nahezu gesund zu werden." Dies ist jedoch scheinbar unmöglich, da zu viele Faktoren Arzt und Patient beeinflussen. Auf den Arzt haben z.b. Leistungsdruck oder psychische Belastbarkeit Wirkung, was zu einem Mangel an Konzentration führen könnte und ihm Fehler während der OP unterlaufen. Die Maxime könnte nicht mehr erfüllt werden. Ebenso kommt es auch bei dem Patient auf unterschiedliche Faktoren an. Alter, Krankheitsverlauf oder -stadium können die Erfolgswahrscheinlichkeit der OP und der Genesung genauso beeinflussen.

Selbstverständlich kann der kategorische Imperativ für den Fall einer Operation auch erfüllt werden, dies kann jedoch nie ganz vorausgesetzt werden.

Um auf Kants Pflichtethik (eine Handlung gilt als moralisch gut, wenn sie aus Pflicht und gegen die Neigung erfolgt) zurück zu kommen, sollten die Ärzte lediglich ihrer medizinischen Pflicht nachkommen, sich aber in keinsterweise an dem Erfolg oder dem Aufsehen bereichern wollen. Auch für die Zwillinge, sofern sie denn erwachsen sind und selbst entscheiden können, sollte die Trennung aus Pflicht, das können z.B unterschiedliche Beweggründe, wie der Wunsch endlich getrennte Wege gehen zu können, sein, aber auch gegen die Neigung, z.B. um damit Aufsehen zu erregen oder bekannt zu werden (Neigung/Interesse an Ruhm), erfolgen.

Handeln also die Beteiligten (Ärzte und siamesische Zwillinge) wie oben erläutert, die Operation aber missglückt und beide Zwillinge sterben, so kann sie, nach Kants Pflichtethik trotzdem als moralisch gut angesehen werden, wenn der gute Wille alle getätigten Handlungen bestimmt hat und diese in guter Absicht geschehen sind.

Es kann jedoch nicht so einfach ein kategorischer Imperativ formuliert werden, da es bei diesem darauf ankommt, welche Maxime das Individuum, oder in dem Fall der operierende Arzt, für sich formuliert. Handelt der Arzt nach dem guten Willen und lautet seine Maxime z.B. dass er nur in dem Interesse des Patienten handelt, so ist die Erfolgsaussicht der OP nicht enthalten und der Arzt muss lediglich mit bestem Wissen und Gewissen seine Tätigkeit ausüben.

Nach der Pflichtethik Kants wäre der Fall der Trennung der Bijani Zwillinge (unter Gründe für eine Trennung erläutert) also moralisch gut gewesen, denn beide Zwillinge waren sich den Risiken der Operation bewusst, wollten aber dennoch nur der Pflicht bzw. dem Wunsch eines eigenen Lebens nachkommen, gegen die Neigung durch die OP irgendetwas anderes als die persönliche Freiheit zu erlangen. Der kategorische Imperativ, in diesem Fall der, der Zwillinge, ließe sich ebenfalls formulieren. „Mir meinen Wunsch zu erfüllen ist wichtiger, als die daraus resultierenden, möglicherweise unzuträglichen Konsequenzen." Ein allgemeines Gesetz könnte also gültig werden, sodass die Trennung der Bijani Zwillinge als eine moralisch gute Trennung gelten kann.

Peter Singer

Peter Singer ist ein australischer Professor für Philosophie (geb. 1946) und beschäftigt sich vor allem mit ethischen Fragen zu Medizin und Biologie.[28]

In seiner Ethik unterscheidet er zuerst zwischen willkürlichem Handeln, das auf Egoismus und dem Recht des Stärkeren basiert, und ethischem Handeln, welches rational und universell ist.

Auch Singer unterteilt die rationale Ethik in den in den ontologischen Ansatz, der ethische Forderungen mit dem Seienden begründet und in den teleologische Ansatz, der ethische Forderungen mit den Auswirkungen der jeweiligen Handlung begründet.[29]

Seine Ethik ist teleologischer Art, „da ja eigentlich nur die gesamten Auswirkungen von Handlungen bemerkbar sind"[30].

Um also moralisch richtig zu handeln, müssen die Auswirkungen, bzw. die Folgen der Handlung „gut" sein.

Singer ist ein Vertreter des (Präferenz)-Utilitarismus, nach dem er Handlungen als moralisch richtig, bzw. gut ansieht, wenn diese maximal Glück schaffen, Präferenzen[31] erfüllen oder Interessen entsprechen, usw.

Dennoch soll es eine universelle Ethik sein. Aus diesem Grund führt er das Prinzip der Gleichheit ein, welches bedeutet, dass gleiches Glück, gleiche Präferenzen, usw. aller Lebewesen gleich wichtig sind.

Doch welche Präferenzen gibt es überhaupt?

Zum einen gibt es die Präferenz, nicht leiden zu müssen. Leidensfähigkeit setzt Bewusstsein voraus, welches alle Lebewesen besitzen.[32]

Zum anderen gibt es die Präferenz zu leben, welche Selbstbewusstsein voraussetzt, um z.B. die Zukunft planen zu können.[33]

Die Berechtigung der Präferenz zu leben, haben nur die von Sieger definierten „Personen". Unter die Kategorie Personen fallen nur Lebewesen mit Bewusstsein und Selbstbewusstsein.[34]

Demnach verdienen Lebewesen mit Bewusstsein, aber ohne Selbstbewusstsein gleiche

---

28 Morgenstern, Martin; Zimmer, Robert In: Treffpunkt Philosophie, 3 Handlungsnormen und Lebensregeln (14.03.2012)
29 http://www.vegan.at (14.03.2012)
30 http://www.vegan.at (14.03.2012)
31 Vorzug, Vorliebe http://www.duden.de (18.03.2012)
32 http://www.vegan.at (14.03.2012)
33 Ebd. (14.03.2012)
34 Ebd. (14.03.2012)

Berücksichtigung ihrer Präferenzen, aber nicht die Präferenz zu leben.

Menschen denen Singer kein solches Selbstbewusstsein zutraut sind z.B. Neugeborene oder geistig Behinderte. Die Interessen aller sollen jedoch, nach wie vor, gleich gewertet werden, um Chancengleichheit und Gleichberechtigung zu garantieren.

Moralisch gut zu handeln heißt also, die Auswirkungen der auszuführenden Handlung nach den Präferenzen aller zu berücksichtigen. Ebenso sollen die wenigsten Präferenzen verletzt und die Meisten gefördert werden.

In seiner Ethik beschäftigt sich Singer auch mit Euthanasie. Er erläutert, dass es ethische Pflicht sei, ein Leben zu nehmen, wenn dieses für das jeweilige Individuum mehr Leid als Glück bedeutet.[35]

Das Töten von Neugeborenen ist in gewissen Fällen also moralisch richtig, da diese ja keine Präferenz zu leben besitzen und die Tötung schmerzfrei erfolgt.

Nach Abwägen der Präferenzen aller, schlussfolgert Singer, das auch behinderte oder benachteiligte Neugeborene bis zum ersten Monat nach der Geburt getötet werden können. Dennoch sei es immer noch Pflicht, das größtmögliche Glück zu schaffen.

Ist es nach Peter Singer denn nun moralisch gut siamesische Zwillinge zu trennen?

Aus dem Prinzip der Gleichheit lässt sich zunächst erschließen, dass gleiches Recht auf Leben bei allen Lebewesen, in dem Fall bei „normalen" Menschen und Benachteiligten, wie siamesischen Zwillinge, existiert.

Neugeborene siamesische Zwillinge zählen nach Singer zu Lebewesen mit Bewusstsein, jedoch ohne Selbstbewusstsein. Diese hätten nicht die Präferenz zu leben, da sie körperlich benachteiligt sind. Weiterhin ist die voraussichtliche Lebensqualität wichtig, um über die Tötung zu entscheiden. Hierzu stellt Singer sich die Frage, ob man behinderte Kinder, in diesem Fall auch siamesische Zwillinge, da sie ja ebenfalls körperlich behindert sind, töten darf, auch wenn sie das Leben später einmal lebenswert finden würden. Er bezieht sich auf die Eltern und hinterfragt, ob diese ein weiteres Kind bekommen würden und ob dieses ein besseres Leben führen würde, da es ja nicht benachteiligt oder behindert ist. Er schlussfolgert: „Sofern der Tod eines behinderten Säuglings zur Geburt eines anderen Säuglings mit besseren Aussichten auf ein glückliches Leben führt, dann ist die Gesamtsumme des Glücks größer, wenn der behinderte Säugling getötet wird."[36]

Maximal Glück zu schaffen ist also nach wie vor wichtig, ein Töten wird dafür durchaus in Kauf genommen.

Dennoch geht es in meiner Facharbeit ja um die Trennung der Zwillinge.

---

35 Http://www.vegan.at (14.3.2012)
36 http://gleichklangpolitik.com (20.03.2012)

Wie schon zuvor erwähnt, liegt die Wahrscheinlichkeit eines nach der Trennung lebensfähigen siamesischen Zwillingspaars auf einer Millionen Geburten. Eine große Anzahl stirbt pränatal oder an den Folgen ihrer Verwachsung.

Da eine Trennung aber in vielen Fällen einem Todesurteil gleich kommt, entweder für beide Zwillinge, wenn sie zu stark miteinander verbunden sind, oder wenn ein Zwilling für das Überleben des Anderen geopfert wird, kann die Ethik Singers, der sich ja hauptsächlich auf das Recht oder Unrecht zu leben bezieht, dennoch angewendet werden.

Nach Singer, wäre dann also die Trennung der Zwillinge im Säuglingsalter (bis zu einem Monat), auch wenn Beide sterben, moralisch gut, da diese ja eigentlich keine Präferenz zu leben besitzen und die Tötung eines behinderten Säuglings nicht moralisch gleichbedeutend mit der Tötung einer Person ist.[37] Sollte einer oder Beide überleben, tragen sie höchstwahrscheinlich einen bleibenden gesundheitlichen Schaden davon, welches sie ebenfalls wieder auf die Stufe des Lebewesens mit Bewusstsein, aber ohne Selbstbewusstsein setzt und die Präferenz zu leben nicht zulässt, egal welchen Alters.

Abschließend ist die Trennung von siamesischen Zwillingen nach der Ethik Singers, egal wie sie ausgeht, moralisch gut, aber eher im Sinne des Misserfolg der Trennung bzw. dem jeweiligen Zustand der Zwilling danach, da diese Art von Lebewesen das Leben ja eigentlich gar nicht verdient hätte.

Weiterhin soll dennoch, nach der Ethik Singers das größtmögliche Glück und die höchstmögliche Erfüllung aller Präferenzen gegeben sein. Wie schon zuvor beschrieben kann dieses bei den Eltern z.B. durch das Bekommen eines zweiten Kindes, mit Aussicht auf ein besseres Leben, erreicht werden. Eine Tötung des ersten, behinderten, Kindes wäre gerechtfertigt und das Glück der Eltern maximal. Die maximale Erfüllung der Präferenzen kann allerdings auch bedeuten, dass eine Trennung der Zwillinge auf Grund von Geschwisterliebe oder weil auch verwachsen ein erfülltes Leben erreicht werden kann, nicht zum größtmöglichen Glück dieser beiträgt und eine Trennung, bzw. Tötung nicht gerechtfertigt wäre. Die Sichtweise oder Rolle des Individuums (ob Mutter, Vater, oder Zwilling, bzw. betroffenes Kind) ist entscheidend.

Eine Trennung ist also moralisch gut, sofern sie zur evtl. notwendigen Tötung der Zwillinge beiträgt und nach der Differenzierung zwischen Wesen mit und ohne Selbstbewusstsein eigentlich auch essentiell, dennoch kommt es scheinbar ebenso auf die Situation und die Zufriedenheit der Zwillinge an, ob diese dann auch tatsächlich zum größtmöglichen Glück beiträgt.

---

37 http://www.gleichklangpolitik.com (20.03.2012)

5. Resümee

Vergleicht man nun beide Ethiken, so lassen sich einige Unterschiede feststellen. Zu erst einmal ist die Ethik Kants deontologisch, die möglichen Folgen beeinträchtigen also nicht den Wert der getätigten Handlung. Singers Ethik ist teleologisch ausgerichtet, denn die Auswirkungen oder Folgen der Handlung müssen gut sein, bzw. maximal Glück schaffen oder Präferenzen erfüllen, damit diese auch als moralisch gut gilt.

Ein weiterer Unterschied besteht darin, dass Kant und Singer in völlig anderen Zeiten gelebt haben und Kant z.b. mit seiner Ethik lediglich versucht hat „allgemeingültige Formel zur Herleitung moralischer Gesetze zu finden."[38]

Die Ethik Singers ist jedoch eher auf die heutige Zeit bezogen und zudem nur dem Medizin und Biologie Bereich zugewandt.

Dementsprechend haben beide Philosophen ihre Ethik unterschiedlich aufgebaut.

Nach Kant waren oder sind die praktische Vernunft, der gute Wille und gewisse Neigungen und Triebe bei jedem Menschen vorhanden. Die auszuführende Handlung muss, um als moralisch gut zu gelten, aus Pflicht und gegen die Neigung erfolgen, welches ein Handeln nach dem guten Willen erfordert, sowie dem kategorischem Imperativ entsprechen. Es handelt sich also, wie oben schon erwähnt um eine allgemeingültige Formel.

Singers Ethik beschäftigt sich zunächst eher mit dem Mensch an sich, und so gliedert er diesen in verschiedene Lebewesen. Siamesische Zwillinge im Säuglingsalter, oder nach missglückter Trennung geistig behindert, lassen sich eindeutig einer dieser Gruppierung zuordnen, anders als bei Kant, der nicht zwischen unterschiedlichen Arten von Lebewesen unterscheidet, sondern lediglich den guten Willen bei jeder Art von Lebewesen voraussetzt. Singer bezeichnet siamesische Zwillinge (neugeboren oder behindert) als Lebewesen, die keine Präferenz zu leben besitzen. Um nun aber die größtmögliche Erfüllung dieser zu garantieren, kann eine OP als moralisch gut angesehen werden, denn auch wenn diese durchgeführt wird, um Leben zu retten, so kann sie doch zu einer möglichen Tötung und dementsprechend einer Erfüllung der oben genannten Präferenz beitragen.

Abschließend lässt sich sagen, dass beide Ethiken äußerst unterschiedlich sind und sich dementsprechend auch nur auf unterschiedlich Art und Weise auf mein Thema beziehen lassen.

Ich denke eine einheitliche ethische Beurteilung der Trennung siamesischer Zwillinge ist aus diesen Gründen nicht zu treffen, aber durch die Auswahl verschiedener Moralvorstellungen von den unterschiedlichsten Standpunkten zu beleuchten.

---

38 http://www.neuemoral.de/www_neuemoral_de/Philosophen/Immanuel_kant/Kant_und_Moral/kant_und_moral.html

6. Fazit

Durch meine Facharbeit, bzw. die Untersuchung der Ethiken habe ich festgestellt, dass eine Ethik sich nicht so einfach auf einen Sachverhalt beziehen lässt, wie zunächst angenommen. Kants Ethik, eine allgemeingültige Formel, lässt sich nahezu auf jeden Sachverhalt beziehen, dennoch ist es schwierig, je nach Sachverhalt, die richtigen Schlüsse zu ziehen, und diese auf seine Ethik zu übertragen.

Die Ethik Singers, bezogen auf den Menschen und die Medizin, ließ sich meinem Thema leichter zu ordnen, ist aber an einigen Stellen schwierig zu differenzieren, da genauere Informationen, z.B im Bezug auf die Definition der Neugeboren gefehlt haben.

Dennoch habe ich viel über das Phänomen Siamesische Zwillinge gelernt und konnte mir ein persönliches Urteil bilden.

Eine Trennung ist moralisch gut oder vertretbar, da sie zum Erwerben neuer Erkenntnisse beiträgt und die mögliche Tötung, die durch die Trennung erfolgt, könnte Leiden verhindert werden.

Weiterhin haben behinderte Menschen, so auch siamesische Zwillinge kaum die Möglichkeit sich der Realität und der Konfrontation der Gesellschaft zu widersetzen, sodass eine Trennung ein Entschluss sein könnte, dieser zu entgehen.

Andererseits werden die Zwillinge während der Operation zu willenlosen Versuchsobjekten und die Operation dient lediglich dem Weg der Forschung und Erkenntnis. Die Wissenschaft steht also im Vordergrund, nicht die Gesundheit oder die erfolgreiche Trennung ohne Verlust.

Auch ist das Sterben in der Operation bewusst mit eingeplant, was für mich als moralisch verwerflich gilt. Desweiteren ist es möglich, dass sich die Behinderung oder das Leiden durch die Trennung verschlimmert.

Auch nach Erarbeitung dieser Facharbeit, könnte ich mich nicht einfach so einer moralischen Theorie zuordnen oder mich genau festlegen, ob denn eine Trennung nun auch als moralisch gut gilt, da diese von zu vielen Faktoren, u.a. Grad der Verwachsung, Unterstützung der Familie/soziales Umfeld und medizinische Risiken abhängt.

7. Literaturverzeichnis

1. http://www.dieterwunderlich.de/siamesische_zwillinge.htm
2. http://www.puls.sf.tv/Nachrichten/Archiv/2008/06/09/Gesundheitsthemen/Siamesische-Zwillinge
3. http://www.dieterwunderlich.de/siamesische_zwillinge.htm
4. Tintor, Maja: Siamesiche Zwillinge – Eine Debatte über die Trennung. In: Grin Verlag, 1. Auflage 2006, S. 4
5. http://www.hurraki.de/wiki/index.php?title=Pr%C3%A4natal
6. Tintor, Maja: Siamesiche Zwillinge – Eine Debatte über die Trennung. In: Grin Verlag, 1. Auflage 2006, S. 3
7. Tintor, Maja: Siamesiche Zwillinge – Eine Debatte über die Trennung. In: Grin Verlag, 1. Auflage 2006, S. 4
8. http://www.bundesaerztekammer.de/page.asp?his=2.49.1761
9. http://www.pmu.ac.at/de/860.htm
10. http://www.sueddeutsche.de/panorama/siamesische-zwillinge-trennung-um-jeden-preis-1.85477
11. http://www.sueddeutsche.de/panorama/siamesische-zwillinge-trennung-um-jeden-preis-1.85477
12. Tintor, Maja: Siamesiche Zwillinge – Eine Debatte über die Trennung. In: Grin Verlag, 1. Auflage 2006, S. 5
13. Tintor, Maja: Siamesiche Zwillinge – Eine Debatte über die Trennung. In: Grin Verlag, 1. Auflage 2006, S. 7
14. http://www.bundesaerztekammer.de/page.asp?his=2.49.1761
15. http://www.bundesaerztekammer.de/page.asp?his=2.49.1761
16. http://www.sueddeutsche.de/panorama/siamesische-zwillinge-trennung-um-jeden-preis-1.85477
17. http://www.neuemoral.de/www_neuemoral_de/Philosophen/Immanuel_kant/Kant_und_Moral/kant_und_moral.html
18. Morgenstern, Martin; Zimmer, Robert In: Treffpunkt Philosophie, 3 Handlungsnormen und Lebensregeln, S. 93
19. http://www.bfg-bayern.de/ethik/Gymnasium/grundfragen_phil_ethik.htm
20. http://de.wikipedia.org/wiki/Ethik
21. http://www.daniel-von-der-helm.com/kant/kant-lebenslauf-biographie.html
22. Immanuel Kant: Grundlegung zur Metaphysik der Sitten. Hrsg. von Theodor Valentiner Stuttgart 1961, S. 28-30
23. Ebd.
24. Immanuel Kant: Grundlegung zur Metaphysik der Sitten. Hrsg. von Theodor Valentiner Stuttgart 1961, S. 35-36
25. Immanuel Kant: Grundlegung zur Metaphysik der Sitten. Hrsg. von Theodor Valentiner Stuttgart 1961, S.58
26. Ebd. S. 58-64, 67 f.
27. http://micha-h-werner.de/deontologie.htm
28. Morgenstern, Martin; Zimmer, Robert In: Treffpunkt Philosophie, 3 Handlungsnormen und Lebensregeln, S.94
29. http://www.vegan.at/veganelebensweise/buchbesprechungen/peter_singer.html
30. Ebd.
31. http://www.duden.de/rechtschreibung/Praeferenz
32. http://www.vegan.at/veganelebensweise/buchbesprechungen/peter_singer.html
33. Ebd.
34. Ebd.
35. Ebd.
36. http://gleichklangpolitik.com/2011/06/12/was-sagt-und-was-verschweigt-peter-singer-in-praktische-ethik-bezuglich-der-totung-von-behinderten-kindern/
37. Ebd.
38. http://www.neuemoral.de/www_neuemoral_de/Philosophen/Immanuel_kant/Kant_und_Moral/kant_und_moral.html

BEI GRIN MACHT SICH IHR WISSEN BEZAHLT

- Wir veröffentlichen Ihre Hausarbeit,
  Bachelor- und Masterarbeit

- Ihr eigenes eBook und Buch -
  weltweit in allen wichtigen Shops

- Verdienen Sie an jedem Verkauf

Jetzt bei www.GRIN.com hochladen
und kostenlos publizieren